AF620024

ORME SULLA SABBIA

LORENZO MUSONE

COLLANA IRDA

Lulu Press
3101 Hillsborough St.
Raleigh, NC 27607 | U.S.A.

ISBN: 978-1-291-76510-6
Info: www.irdaedizioni.it

Ordini:
www.amazon.com
www.amazon.it
www.lulu.com

Copertina: realizzata da Cristian Verdesca
Direttore editoriale: Francesco Luca Santo

BIOGRAFIA

Lorenzo Musone nasce in provincia di Caserta trentatré anni fa, dove risiede tuttora insieme alla moglie Lucrezia, con la quale è sposato da due anni. Diplomato ragionere, lavora nel campo del marketing aziendale. Nasce da una famiglia medio borghese e cresce senza troppi grilli per la testa. Nel suo percorso formativo didattico non mostra particolare attenzione per le materie umanistiche preferendo quelle tecniche. Ma negli ultimi anni di studi comincia ad avvicinarsi, anche se ancora marginalmente, alla letteratura migliorando nell'esposizione e nell'apprezzare i grandi autori dell'ottocento, e del novecento sentendosi attratto dal Romanticismo e affascinato dalle poesie del Leopardi, in special modo dalla lirica "L'Infinito". Nonostante la riscoperta della letteratura italiana, la sua attenzione rimane ben salda verso le tematiche commerciali di largo consumo. Da qualche tempo, però, comincia a farsi spazio dentro di sé un desiderio nuovo che non si era mai presentato, quello di scrivere le emozioni proprie e di chi gli sta accanto. Così, quasi per gioco, inizia a comporre poesie, nelle quali cerca di far emergere quel lato umano e quelle sensazioni che, in genere oggi, vengono date per scontate cadendo nell'oblio. "Orme sulla sabbia" è la sua pima raccolta di poesie edita da Irda Edizioni.

PREFAZIONE

La silloge poetica di Lorenzo Musone esprime con pienezza, a partire dal suggestivo titolo scelto come sintesi dei componimenti in essa presenti, il ruolo che da sempre è stato e viene ad oggi attribuito alla poesia, cioè quello di dire e raccontare la vita e l'uomo. Ciò è ben marcato nei versi dell'autore che, con delicatezza e sobrietà, parla e descrive il mondo d'oggi, la sua frenesia, quel continuo raggiungere la meta con una delicata saggezza e, a tratti, severità morale che fa riflettere sul ruolo attuale di noi tutti nella società. Sì, perché tramite la sua sensibilità, Lorenzo, ci mostra tutta l'effimerità della "lotta" quotidiana che si avvinghia ai nostri cuori e alle nostre anime, non permettendoci di fermarci a guardare che la vita è altro, che la vita è anche musica soave e armonia e che va vissuta appieno nella sua essenzialità. Questo è tangibile nei versi, in quel "silenzio della sera" sussurrato tra le righe come vincolo primordiale di moralità e essenzialità dell'esistenza. Così salta agli occhi il canto del mondo come esaltazione della bellezza ma anche la caducità della vita e le sue ansie. Il poeta è lì, pronto ad accoglierne le sfumature fatte di emozioni, ricordi e desideri che si muovono lenti nel passato e nel presente, come contemplazioni mistiche raccolte nella solitudine della semplicità che, agli occhi, mostrano per intero tutta la maturità che diviene pane per il poeta, il quale ne descrive abilmente i contorni e i respiri più accesi.

La felicità

La felicità non si trova,
è merce assai rara,
vivere senza è come
vivere senza respiro,
ma la felicità va
di pari passo con i momenti bui,
se no, non si potrebbe apprezzare
avendola sempre a disposizione.
Può essere varia:
un bacio, una carezza,
uno sguardo, un regalo,
un libro nuovo, un giocattolo,
una vittoria, un sorriso donato,
quando arriva non chiede mai niente,
ma quando se ne va porta sempre
dei sacrifici con lei, ma senza
non varrebbe la pena vivere
questo sogno che è la vita.

Tu che non ci sei

Non ti conosco ma vorrei già averti qui,
vorrei guardarti per stampare
la tua immagine nei miei ricordi,
vorrei tanto sentirti piangere,
vederti mangiare quando
la sera torno a casa dal lavoro,
stringere le tue mani piccole,
baciare tua madre che mi si è donata
e poi mi ha donato te,
tu che sarai le mie gioie ma anche i miei dolori,
tu che non mi farai dormire
e che toccherai tutte le mie cose,
ordinate in maniera maniacale,
che con i tuoi candidi sorrisi
farai diventare inutili,
accompagnandoci mano nella mano
in quel che sarà il nostro destino,
passandoti le mie conoscenze,
insegnandoti a vivere nel rispetto.

Sole nostro

La tua forza viene da lontano,
non hai paura, passi tutto e
attraverso tutto,
regali rinascita
dopo il grigio, doni gioia
a chi invadi ma soprattutto
riscaldi i nostri cuori.

Gioia di vivere

Fonte di felicità,
ogni tuo sguardo
è una carezza
che mi regali,
un tuo sorriso
è la forza
per andare avanti,
un tuo abbraccio
è la certezza
di un sentimento
che mai il tempo
scalfirà.

Ama

Ama la tua vita,
ama il tuo mondo,
ama quello che ti circonda,
ama coloro che ti amano,
le emozioni aiutano a
vivere intensamente
a non perdersi nel grigiore
della tristezza,
nel buio della delusione,
nel baratro dell'infelicità,
a reagire, che nessuno
è migliore di noi.
Dobbiamo sforzarci, combattere,
credere in noi, mai rattristarci,
sorridere in questo breve
squarcio di tempo concessoci
da chissà chi o cosa,
non dimenticare mai
gli occhi di chi ci guarda
con tanto amore,
i nostri ideali, quelli,
non ci abbandoneranno mai,
niente è per caso e per caso
non si costruisce nulla,
bisogna solo crederci.

Azioni

Ricco è il mattino di chi vede l'alba,
povero per chi sente i profumi del cibo,
giorno esplorato in ogni sua evoluzione,
c'è un tempo per far tutto,
adesso non è quello di recriminare.

Buio

Nel silenzio, la tua profondità,
nella tenera età la voglia che subito
volgesse al termine,
presagio di sventura, di cattiveria,
infinita paura,
al tuo cospetto, maestoso
dominatore, abile manipolatore,
amante dell'insicuro,
stabilmente prigioniero,
anche di me stesso,
ma con l'agognata esperienza,
nessun timore,
anzi sperare nel tuo durare
per goderne dei tuoi benefici,
delle tue carezze, dei tuoi eccessi,
senza limiti.
Mi lascio, non spesso,
a guardarti, a scrutarti
e rendermi conto che nulla è al caso
e che in fondo cattivo tu non sei
ma ci accompagni
con la tua ala protettrice
nell'incontro col giorno nuovo.

Odio

L'odio non va curato,
cresce da solo,
aumenta coi pensieri,
si fortifica con le azioni,
staziona nel cuore,
vive di giorni,
matura col tempo,
svanisce quando
non è mai vissuto.

Ti riconosco

Ti ho servita, ti ho accettata,
come una madre mi hai insegnato
le regole della vita,
non ci siamo scelti,
il destino così ha voluto,
un onore stringere
il tuo simbolo tra mie mani,
le tue note arrivano al mio cuor
e lambiscono i miei occhi
che d'incanto si stringono
per trattenere il lacrimar,
ti sento sulla pelle
come un pensiero fisso,
ma pensare che qualcuno
non possa amarti
m'è difficile concepire,
i miei avi lottarono,
si sacrificarono, morirono per te
rinunciando a tutto,
rinunciando alla vita,
ma godettero della loro libertà,
la storia aiuta a non commetter
errori passati, non lasciarsi
sopraffare dall'ira restare sempre uniti,
ho imparato ad amarti e
non smetterò mai di farlo, ti amo.

Nero

Povero di colori,
ma ricco nel tuo,
carica da vendere,
nessuno ti evita,
in pochi non ti apprezzano,
orgoglio nazionale,
ora osannato, ora deprecato,
so solo che ormai,
non potrei farne a meno.

Lasciare

Niente è per sempre,
difficile immaginare
dopo di noi, che sarà di tutto
o del niente, realizzare l'addio,
rassegnarsi che il mondo
farà a meno di noi
e che niente saremo,
o chissà dove andremo,
conservarsi, defilarsi alla vita
non è miglior soluzione
bisogna viverla intensamente
cercando di sorridere un poco in più,
ma coscientemente
bisogna saper accettare
la sconfitta senza partita,
si stringe il cuore,
si arrabbia la mente,
ma il nostro destino è così,
purtroppo tutto ci porterà
a guardare il mondo
dal nostro ricovero,
che sarà per eterno lo stesso.

Ragione

Ora che io vorrei,
ora che io potrei,
è meglio che
nessun'azione compia,
magari a mente lucida
senza odio, senza ira,
ascolti il mio cuore
che dal suo fondo
il giusto per me
mi saprà indicare,
quel giusto che dopo
non rimpiangerò,
di cui sarò felice
aver messo in atto.

Richiamo

Gioisco nel vederti,
in cuor mio torna il sereno,
quando varco le tue linee,
mi rassereno, mi calmo,
mi doni forza fresca
che prima non avevo,
facile il mio disprezzo,
da incosciente lo sento,
stupido, cattivo, irriconoscente,
mi smentisco da solo
ma al tuo richiamo
non posso resistere,
mari e monti posso attraversare,
ma il mio pensiero torna
alla mia natia terra,
anche se di bellezza non ce n'è tanta
a me basta la tua deturpata terra
a farmi vivere sereno,
senza rimpianti, senza nostalgie
e mestamente osservo
che è forte il tuo richiamo.

Mai

Non privarti dell'amor,
la ragione per cui
vale la pena soffrire
piangere e maledire,
negare e combattere,
ma non perdere la dignità,
chi tale cosa ti chiede
non saprà mai amarti,
non ti donerà mai la felicità,
quella che ognuno di noi cerca,
il calore che non si descrive,
non si immagina e non è
frutto di fantasia,
ma la ragione per cui
il mondo continua,
il motivo dei sorrisi,
il sorgere del sole,
il nascere delle vite,
il ripetersi delle emozioni
e la bellezza dei ricordi.
Non privarti dell'amore. Mai!

Verrai

Tu che sei tanto lontano,
artefice dei nostri pensieri,
regolatore dei nostri studi,
chissà cosa ci regalerai,
chissà come ci tratterai
e se davvero sarai clemente,
buono e giustamente
usato a fini nobili,
non per mano tua,
naturalmente sarai mosso,
senza cuore, dal distruttore
che ci somiglia nella forma,
che saranno i nostri figli,
ma anche se fossimo noi
non cambierebbe niente,
l'avidità corrode i cuori,
distrugge le coscienze
e semina odio intorno a sé,
non lasciando scelta,
ma ponendoci davanti
a decisioni già prese,
che non fanno bene a nessuno,
se non a pochi eletti.
In fondo non sei così lontano.

Semplicemente

Guardo lontano
ammiro l'orizzonte,
mischio i pensieri
che nulla tolgono
alla bellezza
di questo tramonto,
cala il sole,
scompare la luce,
la scena è tutta per lei,
le tenebre
la fanno da padrone,
ma il volgere della giornata,
il susseguirsi del tempo
sono gioia per i miei sentimenti.
Niente è più dolce
delle semplici cose.

Quando

Nell'oscurità della notte,
quando i pensieri sono intrecciati,
ma racchiusi nella voglia di dormire,
si toccano vecchie storie
lasciate là, in un angolo
della nostra memoria
che come in un puzzle
ne incastra altri:
ci emozionano, ci fanno capire che
il tempo passa,
rimangono i suoi segni, i sorrisi,
la nostalgia di un qualcosa
che non sarà, che non può
essere più lo stesso
di quando si rideva veramente,
di quando eravamo i padroni del mondo
e potevamo sognare, senza limiti,
di quando non bastava mai,
si viveva per tutto e gli sbagli
ne facevamo davvero tanti,
ma ci addolcisce sapere
di non aver rimpianti,
ogni errore può essere raccontato,
in fondo chi non sbaglia non vive.

Spero

Lotto per non morire,
lotto per non soffrire,
lotto per vivere,
niente mi è dovuto,
lo conquisterò ferocemente
in battaglia,
il destino è arbitro
delle mie forze,
quello che ho
mi dice chi sono,
già ma chi sono?
Un guerriero crudele?
No!
E' semplice retorica,
ormai ci sono e lotto.

In lontananza

Il soffio del vento che incontra
il prosperare delle foglie ancora verdi,
segno della bella stagione vissuta.
Il suono stridulo che percepisco
dal mio riposo, il sollievo che avverto
quando mi avvolge mi regala piacere,
sogni di libertà, ricordi di lontananza
immaginazione che lavora,
che si lascia trasportare
nella sicurezza di una vita vissuta,
di molteplici mondi, disparati piaceri,
sete di sapere che vuole essere saziata
che non ama il sostare
che ascolta il fruscio
e pensa alla gioia di esistere
nell'accettare tutta la natura
di chi ne fa parte
ma soprattutto il rispetto
verso la nostra madre terra.

Natura

Lampi e tuoni
descrivono il suo vigore,
la sua forza è dolce,
in assenza prolungata
indispensabile
allo scorrere della vita
è bruta quando si scatena,
portatrice di sofferenza,
seminatrice di morte,
subisce le violenze
senza mai fiatar,
ma la tua ribellione
è dietro l'angolo.

Per sempre

Saremo sempre insieme,
vivremo l'uno per l'altra,
non solo per rispettare il vincolo
ma per rispettare il nostro volere,
la volontà e il piacere di vivere felici
non verrà mai scalfita da nessun ostacolo,
la gioia nel saperti felice
mi rinfrancherà nelle situazioni avverse
che sicuramente ci toccheranno,
ma senza mai distorcere
i miei pensieri da te,
che ne resterai sempre il centro
anche nei momenti di silenzio,
che restano carichi di vuoto,
inutili, assordanti ma che
sembrano inevitabili contorni a una farsa
non voluta e che volendo,
sia di facile eliminazione,
il tempo non consumerà l'amore sbocciato
nei tempi che furono ma lo ingrandirà
rendendolo forte e sano come una creatura
rendendolo sempre più forte,
donandogli esperienza, e sarà per sempre.

Vivere

Ricordi sbiaditi
che fanno sorridere,
quando vengon sfiorati.
Ricordi dolci,
quando vengono rivissuti.
Ricordi dolorosi,
quando ne vorremmo
fare a meno.
C'è posto per tutti,
è il bagaglio
della nostra esistenza.

Sforzo

Passo dopo passo,
metro dopo metro,
ultimo respiro, sforzo infinito,
sei cattiva, non provi pietà,
nutri odio, vessi dolore,
io ti attacco con ardore
ma è solo una difesa,
il prezzo da pagare per veder
raggiungere il tuo capo,
alla fine dolce emozione,
straordinaria sensazione,
ripaghi i miei sforzi
quasi non li sento,
come non sento
neanche le mie gambe e
chissà se il cuore si fermerà,
l'obiettivo è vincerti
ma non è sempre così facile
costa allenamento,
sudore e sacrificio
ma mi ripaghi, con orgoglio,
sì quello di averti sottomessa
non sarai mai più forte di me
ma saprò prenderti,
ti studierò e quanto ti avrò imparato
ti mangerò, fino a saziarmi.

Candele al vento

Effettuo un sospiro
che attraversa,
nella sua forma più cattiva,
il mio corpo
da un estremo all'altro,
sapere che non ci sarò
è un pensiero cupo
che colora di nero il mio sole,
triste il destino
a suo compimento
siam candele
votate al consumo.

Sogno

Accarezzo sogno leggero,
il pensiero corre
verso nuovi traguardi,
mai l'oblio mi portava
a valicar ferrei confini,
adesso, guardo oltre,
oltre le linee immaginarie
che furono imposte,
accettate senza ribellione,
ora è tutto finito,
sarò libero di scegliere.

Cattiverie

A te, mio disprezzo
non regalo pietà
ti concedo dolore
che ti invada.
Ribrezzo sentirai
quando capirai
l'onta del male
che poteva distruggere
la mia vita dal tormento
son rinato
io colpe non ne ho.

Vita

Respiro dopo respiro,
aggiungo un altro tassello
a questa avventura
che mi porta a completare
questo lungo giorno,
che purtroppo
avrà il suo epilogo,
con tanta emozione
e poca voglia
anche questo respiro
sarà silenzioso.

Da piccolo

Da piccolo pensavo che crescendo
il mondo sarebbe stato mio.
Credevo che le persone fossero tutte buone.
Da piccolo ero sicuro che esisteva un Dio.
Da piccolo sognavo beatamente nel mio letto.
Bastavano poche cose e il mio cuore si rallegrava.
Da piccolo volevo diventare grande al più presto,
da grande ho capito tante cose
che solo crescendo avrei potuto constatare.
La vita è difficile, bisogna lottare
per sopravvivere o almeno stentare.
L'odio è il sentimento più diffuso:
muove guerre, arma mani che uccidono,
ognuno crede nel suo Dio, anche di convenienza.
La felicità non si compra ma si lascia desiderare.
Non sogno più, adesso vorrei cose concrete,
magari fossi rimasto piccolo,
un sacco di domande sarebbero
rimaste senza risposte ed io sarei stato molto più felice.

Luna

Pallido il tuo colore,
sporca la tua faccia,
dispensi luce nell'oscurità,
compagna di chi non riposa,
ammaliatrice con il tuo mistero,
mantieni sempre le distanze,
anche da chi ti conosce,
restia nel giorno,
dominante nella notte,
tutti ti guardano,
ma nessuno ti può avere
per il momento.

Attraverso te

Nei tuoi occhi il mondo
scorre veloce, senza sosta,
non ti chiede nulla: solo di viverlo.
La gioia avara di tristezza
è motivo dei tuoi sorrisi,
improvvisi e felici,
non mentono al tuo stato d'animo
non c'è buio in ogni tuo sguardo,
un sorriso regalato,
una mano che si poggia sul viso,
simbolo di una carezza cercata,
voluta e mai disprezzata,
un bacio che vuoi che sia,
il segno tangibile di parole
che tanto ci fanno penare
ma che sono l'essenza della nostra vita
il motivo per cui è bello ritornare a casa.
Siamo padroni delle nostre vite,
decidiamo il nostro futuro,
condizioniamo la felicità
di chi ci ama e ci vuole bene,
di chi non ci chiede mai nulla
a differenza della vita
che il conto ce lo presenta
in qualsiasi occasione.

Sete

Corre lontano il mio sguardo,
si sofferma
sugli ostacoli che incontra,
li percorre,
passa avanti
fino a confondersi nel vuoto
iniziando il tormento dell'animo
che impazzisce,
non ammette se,
odia i ma,
non lascia adito a scuse,
propende per la verità,
sì ma quale,
forse è meglio abbozzare e
non patire.

Ostacoli

Giorni che ti costruiscono la vita,
momenti in cui ce l'hai in mano,
felice di essere te stesso
ogni cosa segue il suo corso,
indirizzata dalla buona sorte
che in un istante ti lascia,
che ti abbandona nel meglio,
ti fa franare il mondo addosso,
non sai da che parte iniziare,
ti senti un inutile perdente
bisognoso di elemosine
che non ti saranno mai donate,
difficile pensare che la vita va avanti,
il buio si impadronisce del tuo cuore,
la voglia di parlare viene meno,
lo stomaco si rifiuta di lasciarti in pace,
gli occhi si intristiscono
a stento trattieni le lacrime,
segno della disperazione,
la rabbia sale forte
ma non bisogna lasciarsi andare,
bisogna trasformarla in energia
ripartendo dalle nostre forze,
le uniche che non ci lasceranno,
chi è forte subirà il colpo
ma farà finta di niente
cercando poi di accogliere
il male della vita con un sorriso
facendogli capire che siamo forti
e non esisterà nessuna condanna che ci abbatterà.

Orgoglio

Oggi,
il cuor corre nel buio
la tristezza m'assale,
mille pensieri ingrigiscono
il mio quieto vivere,
la strada è dura,
il traguardo è lontano
non visibile,
servono ancora sforzi
che sembrano
non finire mai,
lasciare non mi piace,
sacrificio
è il mio imperativo
se no meglio morire.

Avrei

Avrei voluto stringere le tue mani,
avrei voluto abbracciarti,
avrei voluto dirti ti voglio bene,
avrei voluto passeggiare con te,
avrei voluto parlare con te,
avrei voluto che tu fossi qui,
avrei, avrei fatto tutte
queste cose insieme a te,
ma adesso che non sei più
parte di questo mondo
rimangono solo rimpianti,
punti non sfumati,
virgole non rispettate,
pause lunghe di rimorsi,
momenti grigi,
che non fanno passare raggi di sole,
ricordi che corrodono l'allegria
che scalfiscono le sicurezze
mettono in dubbio le certezze
anche se son poche.
Un sorriso, un tenero passaggio
di quello che non è stato,
ma che adesso rimpiango
e spero che lo rimpianga anche tu
da lì dove sarai.

Agonie

Acqua che scende,
tristezza presente
che non lascia idee,
giorni veloci
segnano gli anni passar,
che lasciano i ricordi
buoni o brutti,
dolci o amari,
retaggio del passato,
strade future ci cercano,
non le troviamo
chiusi nel nostro grigiore,
lo sguardo perso,
nel vuoto,
nella nostra storia,
morire, il male minore,
ma la luce ci illumina,
racconta la gioia
di esser presenti
e che domani,
se volessimo,
il sorriso ci sveglierà.

Soli

Soffi di vento,
momenti infiniti,
lunghi pensieri
scompaiono al prospetto,
gioie infrante,
corsi naturali inopponibili,
senza difesa,
bellezze deterioriate,
storie che intrecciano,
vissuti conosciuti
con altri sconosciuti,
pace infinita,
sazia di fierezza
di chi ha creduto,
di chi ha lottato,
di chi ha amato,
dolore,
sulle rughe di chi ricorda,
rispetto,
da chi dona sorrisi,
non c'è gioia
ma in mente
si comunica,
forse si dice
quello che
non si ha mai
avuto il coraggio.

Ingiustizia

Ci sono momenti bui
in cui siamo soli,
ci sono momenti tristi
in cui siamo uniti,
ci sono vite
che non vogliono essere tali,
felicità che non esistono,
unità che non legano,
silenzi che fanno fragore e
parole che non dicono niente,
dal basso si levano richiami
dall'alto vengono schiacciati,
dai piccoli si imparano lezioni,
dai grandi si dimenticano,
emozioni che si rincorrono,
libertà osteggiate,
tutto questo
non l'abbiamo scelto,
ce l'ha imposto
chi decide per noi,
che al nostro posto mangia,
al nostro posto vive
e non sono i nostri genitori.

Avidità

Trovai moneta,
mi sentivo ricco,
provai dolore,
disperazione m'assalì,
guardai moneta,
comandavo il mondo,
ascoltai il lamento di un uomo
ma io avevo moneta,
camminavo orgoglioso,
tra le mani stretta
la mia vita sorrideva,
non mi occorreva nulla,
voglio questo,
moneta pensaci tu,
voglio essere felice,
moneta….
non me la diede.
Ho sognato i miei desideri,
li realizzavo,
si avveravano,
il mio impegno era massimo,
era ricompensato
da lauta gratificazione,
sorta di problema non esisteva,
gioivo e ridevo,
ecco era un sogno,
purtroppo i miei
hanno le gambe monche.

Sogni

Oscuro
è il mondo che mi circonda,
il silenzio regna
in questo frangente,
un rendiconto elaboro
i sogni vorrei affrontare
la realtà schivar,
fantasticar m'è d'obbligo
ma le pagine della vita
non aspettano,
vogliono esser affrontate,
dolce appiglio
questa nottata,
domani farò,
sarò lieto insoddisfatto.

Difficoltà

Mi districai
su lama tagliente,
raccomandando le mie sorti,
a entità superiore mi affidai,
adagiato sulle asperità,
sopportavo cattiverie,
incassavo colpi,
avrei voluto sprofondare,
eludere il confronto,
lasciare tutto,
ma il dolore emerse
facendomi capire
che il padrone del mio destino
sono io stesso e
la mia forza la caverò da te.

Realtà

Mai triste epilogo
vorrei ascoltar,
lungi da me
sofferenza,
donami sorrisi,
contornali di speranze,
fammi felice,
riversa in me la gioia,
negami il corso della vita,
lo accetterò
ad azion compiuta.

Soprusi

Silenzioso resta,
chi per esso
sceglie altri,
regalandogli
la propria vita,
accettando
che i propri diritti
diventino cortesie,
concessioni,
mai un ricatto è dolce,
scelta facile,
non può essere
se non c'è consapevolezza
di esser padroni del futuro,
non dimenticando
chi ormai si è saziato
di sangue altrui.

Semplicità

Beato chi
del suo destino
domande non si pone,
non traccia linee
né confini.
Fortunato
chi sorride oggi,
anche se sa
che domani piangerà,
forte di poco,
vuoto di niente
sarà sempre in bilico,
ma la forza avrà
di affrontare tutto,
con semplicità.

Errori

Ogni mio tempo
è ricco di errori,
importanti o meno,
nessun ripudio li confina,
sempre appresso
me li porto,
anche adesso
me li sento,
non li rinnego
nemmeno li santifico,
ma senza loro
non potrei
dire ho vissuto.

Maligno

Ira funesta
è ciò che resta
di questa festa,
deplorevole maligno
ti muovi guardingo
nello scrutare,
cercare e attaccare
chi al momento
difesa non ha,
vulnerabile
alla tua volontà,
il tuo obiettivo è inerme
un sol boccone ne farai.

Genitori

Le radici
non muoiono mai,
fanno finta
di non esistere più,
si sacrificano
per il bene dei figli,
non chiedono niente,
si rinvigoriscono
quando gli portiamo
un poco d'acqua,
anche se non la vorrebbero
l'accettano,
con il sorriso nel cuore,
il calore nei loro sguardi,
la consapevolezza
che ce ne andremo,
di nuovo,
avremo vita nostra,
non li spaventa, anzi
li rallegra sapere,
che loro
non serviranno più.

Uccelli

Forme leggiadre
solcano i cieli,
vive sfumature
popolano l'aria,
dell'infinito
la loro casa
hanno eletto,
donano dolci melodie,
in simbiosi
con l'uomo
dovrebbero convivere
che invece, li ricambia
rendendoli
trofei da mostrar.

Pensieri

I pensieri sono attimi,
che passano
per la mente,
e quando terminano
già non li ricordi più,
bisogna cogliere
il momento giusto,
esternarli,
sennò rimangono parole,
buttate nell'oblio
della speranza.

Riposo

Desiderio
di un giorno d'angosce,
soddisfazione,
unica certezza,
del riposo la ricerca,
ma il buio
non porta solo il silenzio,
ma con esso,
rumorosi affiorano
i pensieri
ad affliggere
la ligia coscienza.

Sacrificio

Rubavo
gli attimi migliori,
lasciavo
l'agognato talamo
nel momento in cui
altrui riposavan ed io,
preso dell'esigenza
di placare sete terrena,
mi accingevo a
lungo travaglio
dover affrontar,
non di facile accettazione,
ma gran sacrificio,
non mi spaventa
né allora né adesso.

Finito di stampare
Nel mese di Marzo 2014

Lulu Press
3101 Hillsborough St.
Raleigh, NC 27607 | U.S.A.

www.ingramcontent.com/pod-product-compliance
Ingram Content Group UK Ltd.
Pitfield, Milton Keynes, MK11 3LW, UK
UKHW020233250726
13967UKWH00001B/338